La Bretagne et les Pays Celtiques. Série in-8. XIV

F. DUINE

DOCUMENTS MÉNAISIENS

I. — Lettres inédites de La Mennais et de Lacordaire.

II. — Le gouvernement de Louis-Philippe et l'*Avenir*.

III. — Un article inédit du *Peuple Constituant*.

PARIS
LIBRAIRIE ANCIENNE HONORÉ CHAMPION
ÉDOUARD CHAMPION
5, QUAI MALAQUAIS
—
1919

La Bretagne et les Pays Celtiques. Série in-8. XIV

F. DUINE

DOCUMENTS MÉNAISIENS

I. — Lettres inédites de La Mennais et de Lacordaire.

II. — Le gouvernement de Louis-Philippe et l'*Avenir*.

III. — Un article inédit du *Peuple Constituant*.

PARIS
LIBRAIRIE ANCIENNE HONORÉ CHAMPION
ÉDOUARD CHAMPION
5, QUAI MALAQUAIS

1919

DOCUMENTS MÉNAISIENS

I. — Lettres inédites de La Mennais et de Lacordaire.

On publie avec raison les moindres billets de la Mennais, non seulement parce qu'ils satisfont notre curiosité inextinguible, mais encore parce qu'ils nous permettent parfois de fixer des dates, ou d'éclairer des noms et des actes. Pourtant, il y a une hiérarchie des vieux papiers. Et il est rare, aujourd'hui, d'ajouter aux lettres de la Mennais, déjà connues, des pièces qui aient une réelle-valeur, littéraire ou documentaire. Néanmoins, il reste toujours des découvertes à faire en ce genre et nous sommes heureux d'offrir ici quelques pages qui ne sont pas à dédaigner. Nous avons essayé, par des annotations abondantes, de rendre la lecture plus facile ou plus fructueuse, et nous avons tiré parti de renseignements nouveaux. A la correspondance de La Mennais nous avons joint une lettre de Lacordaire, que nous croyons inédite (bien qu'en matière d'inédits il n'est pas impossible de s'abuser). Elle traduit des idées qui triomphaient dans le milieu de l'*Avenir* et se rapporte aux premiers procès que subit ce journal célèbre.

1. — A. M. DE VITROLLES [1].

A la Chênaie, le 12 juillet 1819.

Vous êtes bien aimable, Monsieur le baron, de penser un peu au solitaire de la Chênaie. Votre souvenir a été pour lui

(1) La correspondance de La Mennais avec le baron de Vitrolles a été publiée par M. Eugène Forgues, en 1886. Elle débute par deux lettres de 1819 (13 juin et 17 décembre). Celle du 12 juillet avait échappé à l'éditeur.

une de ces douces compensations que la Providence nous
ménage, au milieu de tant de choses pénibles dont la vie est
pleine dans ces tristes temps. Où allons-nous ? Que veut le
ministère ? Le sait-il lui-même ? Que fera-t-il dans l'impuis-
sance où il s'est mis de subsister ? Les journaux parlent d'un
coup d'état; mais contre qui ? en faveur de qui ? Je conçois
que deux partis luttant ensemble, l'un des deux écrase l'autre
et prenne l'ascendant par une mesure violente ; mais les
ministres n'ont point de parti ; placés en équilibre entre les
révolutionnaires et les royalistes, s'ils dérangent cet équilibre,
les voilà tout aussitôt à la discrétion de ceux qui triomphe-
ront, les voilà perdus ; car décidés à ne jamais s'unir aux
royalistes, ils ne peuvent non plus s'allier franchement aux
indépendans, à moins de travailler de concert à la révolution
que ceux-ci méditent, ce qu'il est impossible de supposer. De
détruire aujourd'hui la liberté de la presse, ce seroit, dans
leur position, une entreprise si folle qu'on ne peut pas non
plus la supposer. D'où je conclus que nous verrons sans doute
encore de leur part beaucoup d'inconséquences, beaucoup
d'inepties, beaucoup de sottises, mais de coup-d'état point.
N'est pas violent qui veut ; ces pauvres gens s'y trompent ;
ils se croient hardis, et ils ne sont que colères.

J'ai envoyé à Mr de Chateaubriand un article sur la réunion
des différentes communions chrétiennes. Je désire qu'il ne
paroisse qu'après un autre article sur un ouvrage inédit de
Leibnitz, que j'avois laissé en partant, et auquel il fait suite.
Ces deux morceaux devant faire partie de mes *Mélanges*,
j'aurois quelque intérêt à ce qu'on ne tardât pas trop longtemps à les insérer dans le *Conservateur* (1). Je suis un peu
en peine pour trouver de nouveaux sujets d'articles. Les
sujets généraux s'épuisent bien vite ; on pourroit y suppléer
en examinant les actes du ministère relatifs à l'administration

----

(1) L'article sur la *réunion des différentes communions chrétiennes* parut
dans le *Conservateur*, t. 4, 1819, p. 49 et sq. L'article *sur un ouvrage intitulé :
« Exposition de la doctrine de Leibnitz sur la religion... »* parut dans le
Conservateur, t. 4, 1819, p. 305 et sq. Ces deux articles sont reproduits dans
les premiers *Mélanges* de La Mennais, publiés à Paris, en 1819.

ecclésiastique ; mais où prendre les renseignemens nécessaires ? Tout me manque à cet égard.

Veuillez, Monsieur le baron, faire agréer mes respectueux
hommages à Madame et à Mademoiselle de Vitrolles, et agréer
pour vous-même l'expression de mon inaltérable et tendre
attachement.

L'abbé F. DE LA MENNAIS.

(*Adresse* : A Monsieur le baron de Vitrolles, rue Bouterot,
n° 1, Chaussée d'Antin, Paris.)

Ms. autographe à la Bibl. Nat., *Fr. Nouv. Acq.* 22738.

2. — [A M. GRANDI, à Gênes] [1].

Paris, 25 août 1821.

Permettez, Monsieur, qu'avant tout je vous exprime ma
reconnoissance de la lettre que vous avez eu la bonté de
m'écrire le 27 juillet. Je suis extrêmement sensible à [tout] [2]
ce qu'elle contient d'obligeant pour moi, et que je mérite si
peu ; mais ce qui me touche beaucoup plus encore, c'est
votre zèle pour la pureté de la sainte doctrine catholique, et
la franchise vraiment chrétienne et sacerdotale avec laquelle
vous m'indiquez deux passages de l'*Essai*, qui vous paroissent
avoir besoin d'être corrigés ou éclaircis. De concert avec
deux savans professeurs de théologie, je les ai de nouveau
soigneusement examinés, en les comparant à vos doctes
observations [3], et voici, en peu de mots, le résultat de nos
réflexions.

Pour ce qui tient au fond, je n'ai jamais pensé que le Verbe
divin ait été engendré par un principe non intelligent, ce qui
seroit le comble de l'absurdité, et si quelqu'un tiroit cette
conséquence de mes paroles, je la condamne formellement,
non seulement comme absurde, mais comme impie. Voici ce

(1) Copie.
(2) Copie. — Barré dans l'original.
(3) avec vos (copie) ; à vos doctes (et judicieuses : *barré*) observations
(texte original),

2

que j'ai entendu, et ce qui me paroît nécessairement supposé dans ce que j'ai dit :

La nature divine est une, et renferme dans son unité la plénitude de toutes les perfections, la toute-puissance, l'intelligence, l'amour, etc.

Dans le sein de cette nature une, infinie, éternelle, subsistent éternellement trois personnes distinctes : le Père, qui engendre son fils, *son Verbe, sa Parole, sa Sagesse, sa Raison, son Intelligence* (Bossuet) ; l'Esprit Saint, l'amour substantiel, qui procède du Père et du Fils.

Ces trois personnes coéxistent éternellement et nécessairement, et ces trois personnes sont Dieu.

Comme chacune d'elles possédant toute la nature divine [1], chacune d'elles possède tout ce qui appartient essentiellement à cette nature; autrement elles ne seroient pas Dieu.

Ainsi, dans l'unité de l'Etre divin, la toute-puissance, l'intelligence, l'amour, appartiennent au Père, appartiennent au Fils, appartiennent au Saint-Esprit.

Mais cet être divin, mais Dieu a un mode d'existence qui lui est essentiel [2], et qui consiste en ce que, dans une seule nature, subsistent trois personnes distinctes.

Ces trois personnes sont donc identiques par leur nature, et distinctes par ce qui constitue leur personnalité.

En tant que personnes distinctes, la puissance est attribuée proprement au Père, l'intelligence au Fils, l'amour au Saint-Esprit.

Le Fils, en tant que personne distincte, est donc l'intelligence, la raison de Dieu, éternellement manifestée en Dieu même ; raison qui (selon l'ordre des idées, et sans aucune antériorité de temps) [3] appartient primitivement et essentiel-

[1] La Mennais avait d'abord écrit : *comme chacune d'elles possède*; puis il a corrigé : *possédant*, mais, semble-t-il, en oubliant d'effacer le *comme* initial.

[2] *qui lui est essentiellement propre* (copie) ; telle est la première leçon, mais La Mennais a raturé ce qui suit *essentiel*.

[3] La copie donne : *la raison de Dieu ; raison qui, éternellement manifestée en Dieu même, selon l'ordre des idées...* Le texte original porte des interlignes et des ratures, mais, en cet endroit, la copie s'est trompée un peu.

lement à la nature divine, commune au Père, au Fils, et au Saint-Esprit.

Mais, considérée comme personne divine, la raison infinie, le Verbe, ou *la parole par laquelle un Dieu éternel et parfait se dit lui-même à lui-même tout ce qu'il est* (Bossuet) ; le Verbe, dis-je, est essentiellement distinct des deux autres personnes, sans quoi l'on détruiroit la notion de la Trinité ; et ces deux autres personnes *croient* le témoignage du Verbe, ou adhèrent à *ce que dit* la raison divine, distincte d'elles comme personne, identique à elles dans l'unité d'une même nature.

Cette doctrine, Monsieur, me paroît, ainsi qu'aux théologiens que j'ai consultés, entièrement conforme à ce qu'enseignent les Pères, et particulièrement S. Augustin et S. Thomas, que vous citez. Si nous nous trompons, redressez-nous ; je ne demande, pour moi, qu'à être éclairé. Et là-dessus je reviens aux passages de l'*Essai*, sur lesquels vous désirez des éclaircissemens [1]. Il est possible que la manière dont je m'exprime dans ces passages ne soit pas assez nette, à certains égards, et s'écarte trop du langage théologique ordinaire ; et il suffit que Mgr l'arch[evêque] de G[ênes], et vous, M[onsieu]r, le pensiez ainsi, pour que je m'empresse de changer [2] ce qui vous semble obscur. Vous m'avez indiqué deux endroits du 15ᵉ chapitre ; et voici, en conséquence, ce que j'ai dessein d'y substituer, dans la nouvelle édit[ion] qui se fera bientôt de mon ouvrage [3] :

Page 83. Ancien texte : « Comme toutes vérités sont en Dieu, qui les connoît, ou se connoît lui-même, par sa pensée, sa parole, son Verbe, etc. » [4]. Nouveau texte : « Comme toutes vérités sont en Dieu, qui les connoît, ou se connoît

---

(1) La Mennais avait d'abord écrit : *des explications.*
(2) *corriger* (1ʳᵉ leçon, raturée).
(3) Cette phrase est la leçon définitive, qui a remplacé deux premières rédactions.
(4) *Essai sur l'indifférence*, t. 2, Paris, 1820, p. 83,

lui-même, par sa pensée, son intelligence, dont la parole substantielle, le Verbe, est l'éternelle manifestation... » [1].

Page 97. Ancien texte : « Et nous, guidés par la lumière, etc., *jusqu'à la fin de l'alinéa* » [2]. Nouveau texte : « Et nous, guidés par la lumière... toute la certitude divine » [3].

Dites-moi, je vous prie, si ces corrections vous paroissent satisfaisantes [4]. Je serai toujours disposé à déférer à vos lumières, et toujours soumis à l'autorité dont j'ai essayé de défendre les droits. Je ne veux, je ne désire, je n'aime que la vérité, et à Dieu ne plaise que j'hésite jamais à lui rendre hommage, aussitôt qu'elle me sera connue. Je sens la foiblesse de mon esprit, et il ne m'en coûte point de l'avouer, heureux de trouver à chaque instant de nouveaux motifs de m'humilier en présence de la souveraine raison, qui se communique à chacun selon qu'il lui plaît, et sans laquelle nous ne sommes que ténèbres.

Je me recommande particulièrement à vos saints sacrifices, et vous prie d'agréer l'assurance du tendre attachement, de la haute estime, et du respect, avec lesquels j'ai l'honneur d'être, Monsieur, votre très humble, etc. [5].

3. — A M. Roger.

Saint-Malo, 10 avril 1822.

A M. Roger, secrétaire général de l'administration des Postes, à Paris. — La Mennais prend la défense de M. Deshaye,

---

(1) *Essai*. Edition courante (Paris, Garnier), II, p. 141. Et La Mennais s'y réfère à un passage de S. Athanase, qu'il cite.

(2) *Essai sur l'indifférence*, t. 2, Paris, 1820. p. 97.

(3) *Essai*. Edition courante (Paris, Garnier), II, p. 153-4.

(4) *suffisantes* (1re leçon). Suit une phrase que La Mennais a barrée ensuite : « Parlez-moi avec toute la franchise que je réclame instamment ».

(5) La copie porte : *votre très humble et obéissant serviteur.* — Le texte original n'est pas signé, mais il est bien de la main de La Mennais. Son brouillon autographe est dans mes archives. Quant à la copie, elle a été faite par M. Ange Blaize, en vue, semble-t-il, de la publication de la correspondance de son oncle. Cependant, la lettre du 25 août 1821 n'a pas été imprimée, tandis que l'on voit figurer dans la correspondance (t. I, p. 399), sous la date plus vague d'*août 1821*, une lettre à M. Grandi, lettre qui diffère totalement de celle que nous possédons manuscrite, quoique portant sur le même second volume de l'*Essai*. — La Mennais écrivit à l'archevêque de Gênes, 8 novembre 1821 (*Correspondance*, I, p. 406).

directeur des postes, qui a eu une affaire avec M. Rapatel, colonel du régiment en garnison à St-Malo. Mr Roger ferait plaisir à La Mennais en protégeant Mr Deshaye, « parfait honnête homme, père de famille, et royaliste ».

(La lettre autographe m'a été communiquée. — Le même jour, La Mennais écrivit à Benoît d'Azy, pour le prier d'intervenir directement auprès de M. Roger, en faveur de M. Deshaye).

4. — A M. Taillandier.

18 novembre 1825.

A M. Taillandier, président du tribunal civil de Sens.

Il est triste, Monsieur, que le nombre des personnes qui jugent aussi sainement que vous l'état de la société, soit si petit.

L'erreur fait chaque jour d'effrayants progrès ; et que peut-on attendre autre chose, lorsque tout ce qui devrait ramener les hommes dans les voies de l'ordre et de la vérité, s'entend, du moins en apparence, pour les pervertir ? Le monde ne veut plus de Dieu ; il reste à savoir combien de temps encore Dieu voudra du monde. C'est là son secret, et notre devoir à nous est de combattre comme s'il devait durer toujours. On a essayé une fois d'établir l'athéisme sans intermédiaire ; l'épreuve n'a pas réussi. Aujourd'hui, mieux avisé, on travaille à nous y conduire à travers le schisme. Voilà le motif de ces attaques furieuses, et sans cesse renouvelées, contre le Saint-Siège, et de cet hypocrite amour des libertés dites gallicanes, dont le seul nom fait pleurer de tendresse jusqu'au *Constitutionnel*. On rêve une église nationale, à laquelle on conservera le nom de catholique, mais qui sera séparée de Rome. Ces idées venant à se répandre, et elles ne se répandent que trop, il est aisé de prévoir où elles conduiraient la France et l'Europe, unies surtout au principe de démocratie consacré par nos lois et nos institutions. Joignez à cela les ravages croissants du scepticisme ; qui peut dire où s'arrêtera le torrent qui emporte tout ?

Je vous félicite, Monsieur, d'employer vos talents à défendre la cause si abandonnée de Dieu, de la religion, et de la société. Le succès peut se faire attendre, mais il y a un jour marqué où elle triomphera pour jamais.

J'ai l'honneur d'être, avec des sentiments très respectueux, Monsieur, votre très humble et obéissant serviteur.

F. DE LA MENNAIS.

(Copie, envoyée par le petit-fils de M. Taillandier, à M. Ange Blaize, et conservée dans mes archives.)

5. — A. BERRYER [1].

A Berryer. — 1er novembre 1827.

Lettre d'amitié. — Il y est question de M. de Villèle et d'un ouvrage de Rub[ichon] [2].

(La lettre autographe m'a été communiquée.)

6. — A maître JANVIER ?

Juilly, 18 février 1831.

Je ne saurois vous exprimer, mon bon et cher ami, le plaisir que m'a fait votre lettre, et combien elle augmente le regret que j'éprouve d'être séparé de vous par une si longue distance. Il faudroit vraiment qu'on pût vivre ensemble pour s'éclairer, se fortifier mutuellement, et agir en commun avec toute la force que donne l'union. Je veux espérer que la Pro-

---

(1) Berryer, ancien élève de Juilly ; né à Paris en 1790, mort en 1868. Bon nombre de lettres de La Mennais à cet illustre avocat ont été publiées par Emile Forgues (Œuvres posthumes de F. Lamennais : *Correspondance*). Pour l'étude de Berryer, cf. Lanson, *Manuel bibliographique*, IV, 1912, p. 1474.

(2) Rubichon était né à Grenoble, vers 1768. Il émigra en Angleterre. La Cour des Tuileries le recevait avec faveur, malgré ses opinions d'ultra et ses boutades. Il était l'oncle de Mme Yemeniz, cette femme distinguée de Lyon, qui fut une des correspondantes intimes de La Mennais (cf. Latreille, *Marquis de Coriolis : lettres à Lamennais*, p. 92a. Feugère, *Lamennais avant l'Essai*, 375, 394. La Mennais, *à Berryer*, 21 déc. 1827, vers la fin ; *à Senfft*, 16 mars 1829, fin ; *à Coriolis*, 6 avril 1829, fin ; *à Mme de Senfft*, 5 juillet 1829, fin, etc.).

vidence bénira ce désir de mon cœur et nous rapprochera
tôt ou tard. La folie criminelle des carlistes nous suscite en
ce moment de nouveaux embarras et de nouveaux obstacles.
Il ne faut pourtant point se décourager ; ce n'est pas en un
jour que peut s'accomplir la grande régénération sociale vers
laquelle s'avance le genre humain. Nous avons une énorme
masse de préjugés à soulever et de résistances à vaincre, et
si quelque chose m'étonne, ce n'est pas la lenteur, mais la
rapidité de nos progrès. Vous avez donné, mon cher ami,
par votre admirable plaidoyer, une impulsion immense à
l'opinion publique [1]. Le vieux parti philosophique perdra
graduellement son influence, à cause de son intolérance
haineuse si opposée à l'esprit du siècle, et parce que la
science, en se développant, se sépare de lui forcément. Le
royalisme se détruit aussi en se matérialisant de plus en
plus, et en substituant, d'une manière qui frappera bientôt
tout le monde, à tous les principes de justice, de morale et
d'humanité, un épouvantable égoïsme. Toutefois, pour opérer
un changement fondamental dans l'état des choses, il faut
qu'on ait eu le temps de former une nouvelle génération
sacerdotale, ce qui implique deux conditions, la liberté dans
le choix des évêques et la liberté de l'enseignement.

Vous avez bien raison de tourner vos vues vers la philosophie du christianisme ; c'est là le grand œuvre, le point
de concours où viendront s'unir les forces divergentes de
l'humanité. Je serois heureux de vous communiquer mes

---

(1) C'est cette phrase qui me fait penser que la lettre est adressée à
Eugène Janvier, avocat à la Cour royale d'Angers. On sait que La Mennais
et Lacordaire furent poursuivis devant la Cour d'assises de la Seine, le
premier pour un article sur *l'oppression des catholiques* (paru le
26 novembre 1830), et le second pour un appel aux *évêques de France* (paru
le 25 novembre 1830). Les deux écrivains étaient accusés d'avoir excité à
la haine et au mépris du gouvernement ; mais le jury les acquitta.
La plaidoierie de maître Janvier (qui défendait La Mennais) fut reproduite
dans l'*Avenir* des 2, 3, 4 et 5 février 1831. Eugène Janvier était alors un
libéral, détaché des croyances orthodoxes. Aussi l'*Ami de la Religion*
trouva-t-il à gloser (voir son numéro du 8 février 1831, *sur le procès de
l'Avenir*). Pour les relations qui existèrent en ce temps entre l'avocat
d'Angers et La Mennais, consulter les intéressants *Souvenirs inédits* de
Paul Dubois, dans la *Revue de Bretagne*, janvier 1906. Et lire plus loin la
lettre de Lacordaire que nous éditons.

essais en ce genre et de les discuter avec vous [1]. La question
de la certitude se représenteroit sous un nouveau jour, et
trouveroit peut-être une solution plus satisfaisante à vos yeux
dans les lois positives et universelles des êtres, indépendantes
des formes logiques, sous lesquelles j'ai cru indispensable de
présenter d'abord ma solution, pour différents motifs qu'il
seroit trop long d'expliquer. Je soupçonne qu'au fond nous
différons beaucoup moins que vous ne le croyez peut-être, et
je ne doute presque pas qu'une ou deux heures de conver-
sations ne nous missent complètement d'accord.

Quant aux communes, voici mon idée, qui n'exclut point
le principe très vrai sur lequel vous fondez votre jugement
à cet égard. Il y a deux choses dans la société, le corps et
l'âme, l'esprit et la matière. L'esprit, l'âme, doit être soustraite
à l'influence du gouvernement, c'est-à-dire à l'influence de la
force brute dirigée par une pensée purement individuelle :
en un mot, l'intelligence doit être affranchie, et se mouvoir
librement en dehors du pouvoir. Mais cela fait, il reste encore
à organiser le *corps* social, l'*organisme* de la société, qui doit
être un et vivant. Or, parmi les débris de l'ancien ordre de
choses à jamais irréparable, voyez si vous trouverez une autre
unité, un autre élément que la commune. C'est donc la
commune qu'il faut avant tout constituer, et constituer
naturellement, c'est-à-dire d'après une idée fondamentale de
liberté, qui, de l'unité communale, remontant à l'unité
vivante aussi de l'Etat, ordonnera tout, animera tout, vivifiera
tout. Hors de là, je ne conçois que désordre, despotisme, et
mort [2].

(1) La Mennais s'occupait en ce moment de son *Essai d'un système de
philosophie catholique*, et c'est à Juilly que Sainte-Beuve (comme il le
raconte dans son article de février 1832) entendit les premiers dévelop-
pements de ce grand travail, auquel l'auteur songeait depuis plusieurs
années, et qu'il transforma au cours de l'âge, pour aboutir à l'*Esquisse
d'une philosophie*, qu'il laissa inachevée. Voir plus bas la lettre du
26 février 1841.

(2) La Mennais était partisan de « l'abolition du système funeste de la
centralisation » (*Avenir*, 7 décembre 1830), qui pesait sur les communes et
les provinces (*Avenir*, 1er juillet 1831). Il ne put qu'être affermi dans ses
idées par Tocqueville, qui fait de la commune l'élément de la vie sociale

Tous mes amis et particulièrement M. Gerbet, qui arrive
en ce moment de Paris, vous remercient de votre souvenir.
Nous parlons souvent de vous ensemble avec un plaisir mêlé
de regret. Veuillez dire mille choses affectueuses à M. votre
frère. J'apprendrois avec une grande joie qu'il est plus
content de sa santé. Adieu, mon cher ami, tout à vous de
cœur, et à jamais.

F. DE LA MENNAIS.

(L'adresse manque.) Ms. autographe à la Bibl. Nat., *Fr.
Nouv. Acq.*, 22738.

7. — Au Président de la Chambre des Pairs.

De Paris, le 23 avril 1835.

« M. Maillefer, rédacteur du journal le *Peuple Souverain*,
» m'écrit de la Conciergerie pour réclamer mes conseils, à
» l'occasion du procès dans lequel il est impliqué. J'espère
» que vous voudrez bien me faire délivrer, le plus prochai-
» nement possible, la permission qui m'est nécessaire pour
» communiquer avec cet accusé.

» J'ai l'honneur d'être votre très humble serviteur. »

Le 22 avril au soir, La Mennais avait reçu une lettre de
M. Maillefer, rédacteur du *Peuple Souverain*, de Marseille,
détenu à Paris, pour le procès d'avril. Ce journaliste demandait à être défendu par La Mennais. Il séparait ses doctrines
politiques de celles de co-accusés, et déclarait qu'à son avis
la République devait être fondée sur des idées religieuses, sur
un christianisme large et bien compris. — L'abbé Noir, de
Lyon, qui avait également sollicité La Mennais d'être son
défenseur dans ce fameux procès, reçut la visite du prêtre
breton, le 24 avril. L'abbé Noir avait la tournure d'un homme

et qui met dans la commune la force des peuples libres, car il lut avec
passion la *Démocratie en Amérique* (voir ses lettres à Vitrolles, des 21 et
28 mars 1835). Aussi faut-il remarquer que dans son *projet de constitution*,
de 1848, la question de la commune l'attira particulièrement, et, dans son
numéro du 5 mai 1848, le *National* en fit l'observation.

3

du peuple, et paraissait énergique. Trois autres prévenus
partageaient sa chambre. Au cours de l'entretien, l'auteur
des *Paroles d'un Croyant* leur rappela que toute tentative de
détruire la propriété, et les lois conservatrices de la société,
était injuste, et devait être repoussée par tous les hommes de
bien, la morale demeurant la base nécessaire de l'égalité et
de la liberté. Ces quatre détenus lyonnais semblèrent entrer
pleinement dans les vues de leur interlocuteur, — qui se
rendit ensuite auprès de M. Maillefer. Ce dernier avait des
idées généreuses. Vrai républicain, il voulait la liberté pour
les autres, comme pour lui. Il se montra en plein accord avec
La Mennais, sauf dans le domaine religieux, où il faisait
quelques réserves.

Le prêtre breton fut un peu effrayé des doctrines de
quelques accusés. Et la plupart des avocats, ne voulant pas
prendre la responsabilité des principes politiques des pri-
sonniers, décidèrent d'avertir leurs clients que l'on rectifierait
à l'occasion leur manière de voir, quand elle s'écarterait des
principes communs de la morale.

(J'ai trouvé le texte de la lettre de La Mennais, et j'ai puisé les
renseignements complémentaires dans un journal inédit qui fut
rédigé par M. Ange Blaize, neveu et secrétaire de l'écrivain. Ce
journal a pour titre : *Séjour de M. Féli à Paris, pour le procès-
monstre.* 1835).

8. — Au public.

Paris, 28 avril 1835.

Un des conseils des accusés qui doivent comparoître devant
la chambre des Pairs, et qui se trouve plus particulièrement
attaché à la défense des prévenus de Lyon, a eu lieu de voir
que la plupart d'entre eux, simples ouvriers, n'avoient pour
vivre que ce que le gouvernement leur donne, et chacun sait
ce que c'est que la générosité et même l'humanité du gouvernement à l'égard des détenus politiques. De plus, ces hommes
si dignes d'intérêt par leur courage et leur dévouement, ont,

au moins quelques-uns, des familles qui, n'ayant de res-
sources que le travail de leur chéf, ont dû nécessairement
tomber, depuis l'emprisonnement de celui-ci, dans un dénue-
ment que l'on ne se représente que trop bien. De si grandes
souffrances ne doivent pas être seulement déplorées ; elles
doivent trouver encore dans la sympathie publique un soula-
gement efficace. On propose donc d'ouvrir, en faveur de ces
généreuses victimes du Pouvoir, une souscription, à laquelle
sans doute tous ceux qui ont en eux un cœur d'homme
s'empresseront d'autant plus de concourir, qu'en venant au
secours de nobles infortunes, ils serviront encore la cause
de la patrie et de l'humanité.

F. DE LA MENNAIS.

Cette lettre n'est reproduite ni dans la correspondance de
La Mennais publiée par Blaize et par Forgues, ni dans les
historiens du grand polémiste. Nous en éditons donc le texte
lithographié, qui est en tête d'un carnet destiné à inscrire les
souscriptions. Le 20 mai 1835, l'appel de La Mennais avait
réuni entre ses mains la somme de 1.404 fr. 50. Parmi les
souscripteurs, je remarque Raspail (5 fr.), David (10 fr.),
l'Ecole Polytechnique (256 fr.), Etienne Arago (10 fr.), Béranger (15 fr.), Cormenin (10 fr.), Louis Blanc (5 fr.), Liszt
(50 fr.), Ange Blaize et ses fils (80 fr.), David Richard
(5 fr.), etc. Je ne sais à combien d'exemplaires fut tirée la
lettre, pour le nombre de quêteurs et de carnets nécessaires.
Dans le petit cahier que je possède (et qui était resté parmi
les papiers de La Mennais), je vois comme souscripteur : *Un
lithographe républicain et condamné, ayant abandonné les
frais relatifs à la lettre lithographiée :* **1 fr. 30**. Quelques-uns
de ces fac-similés furent affichés en divers endroits.

La *Dominicale* (année 1835, p. 378) gémit : « M. l'abbé de
» Lamennais, qui n'est pas encore parti comme on l'avait
» annoncé, a fait, au moyen d'affiches placardées dans le
» quartier des écoles, un appel à la charité publique, en
» faveur des pères de famille qui se trouvent parmi les pri-
» sonniers du Luxembourg. Ces affiches sont, dit-on, écrites

» et signées de sa main. La charité d'un prêtre ne s'adressera
» jamais vainement à des chrétiens en faveur d'êtres malheu-
» reux et souffrants ; mais il est fâcheux pour le succès de cet
» appel que celui qui le fait... se soit constitué le défenseur
» et l'aumônier de la république anarchique ». Le ton de la
Dominicale était modéré, à côté de l'acrimonie de certains
périodiques. L'*Univers religieux*, du 19 avril, avait été insul-
tant, lorsqu'il avait annoncé que, par lettre datée des jours
précédents, La Mennais avait accepté la mission de concourir
à la défense des accusés d'avril [1]. L'*Ami de la Religion*,
lui-même, adversaire constant du philosophe breton, sembla
moins outrageux (dans son numéro du 21 avril). Mais ces
articles furent encore peu de chose au prix des cancans.

En effet, le voyage de La Mennais à Paris (18 avril-juin
1835) l'avait mis en relations avec le monde républicain et
hétérodoxe, avec Buchez, Carrel, Cormenin, Leroux, Raspail,
Reynaud, et avec des personnages assez mêlés. Le 12 mai,
il dîna chez Liszt, en compagnie nombreuse, où se trouvaient
Berlioz et George Sand. Ce repas fit scandale, et le marquis
de la Gervaisais écrivit à La Mennais une lettre difficile à
qualifier. Les bruits les plus ridicules se propagèrent. On
représentait le solitaire de la Chênaie fumant un cigare avec
l'auteur de *Lélia* et de *Jacques*. La Mennais ne fit qu'en rire,
et répondit à Elie de Kertanguy : « il ne manquerait plus
que de dire que Mme Sand est ma maîtresse ! » [2]. (J'emprunte
ces détails au journal inédit dont j'ai parlé plus haut, et qui

---

(1) Cette lettre du 11 avril 1835 est reproduite dans la *Correspondance*,
éditée par Emile Forgues, II, n° 432. Les *accusés d'avril*, au nombre de 121,
étaient poursuivis devant la Chambre des Pairs, érigée en haute cour
de justice, pour leur participation aux insurrections qui avaient éclaté,
en avril 1834, à Lyon, à Paris, et dans d'autres villes.

(2) Et finalement on le dit. Dès 1837, des gens qui avaient de bons yeux
virent dans le Berry, en robe de chambre orientale, avec des babouches
et une calotte grecque, le traducteur de l'*Imitation* et de l'*Évangile*, qui
passait ses journées à fumer un narghileh, en compagnie de George Sand.
Ne nous abaissons pas à répondre à ces calomnies polissonnes et
mondaines, à ces bruits qui naissent d'un rien et trouvent dans la bêtise
et les passions des hommes quelque parti pour leur donner faveur ; disons
seulement, puisque c'est la vérité, que La Mennais se montra d'une sévérité
toute sacerdotale vis-à-vis de « la châtelaine de Nohant », comme il
l'appelait avec dédain, et vis-à-vis de ses théories.

fut rédigé par M. Ange Blaize [1].) — Bientôt, le chancelier
Pasquier refusa d'admettre à la barre d'autres défenseurs que
des avocats en titre. De là des protestations, et, finalement,
un procès des défenseurs greffé sur celui des accusés. C'est
ainsi seulement que La Mennais put et dut parler devant la
Haute-Cour. Quand on l'interrogea, le 20 mai, relate Louis
Blanc, dans son *Histoire de dix ans*, si intéressante (IV,
p. 432-3), « tous les regards se fixèrent sur l'homme illustre,
» avec un profond sentiment de curiosité et de respect. Lui,
» le front pâle, la tête un peu penchée sur son corps petit et
» frêle, il répondit d'une voix qui n'était qu'un souffle, mais
» qui fit tressaillir les juges : « Ce qui se passe, en ce moment,
» Messieurs, contient de graves enseignements qui ne doivent

(1) Le 18 mai 1835, Ange Blaize écrivit à l'abbé Jean-Marie de La Mennais,
son oncle, la lettre suivante, qui est inédite, et qui contient des particularités
intéressantes pour l'histoire du fameux procès :
« Mon oncle Féli me charge de vous donner de ses nouvelles, pour vous
» tranquilliser, et dissiper les inquiétudes que vous auriez pu concevoir sur
» son compte, en lisant les journaux. — Vous avez vu que la cour des Pairs
» a cité à comparoître devant elle les signataires d'une lettre adressée par
» les défenseurs aux accusés, pour les féliciter sur leur conduite énergique
» dans le procès. L'auteur de cette lettre est Michel de Bourges, l'un des
» défenseurs, et c'est Trélat qui l'a fait insérer dans la *Tribune* et le *Réfor-*
» *mateur*, à l'insu de la plupart des autres défenseurs, qui non seulement
» ne l'avaient pas signée, mais n'en avaient eu aucune connaissance. Or,
» mon oncle Féli est de ces derniers. — Aussitôt que les Pairs ont cité
» devant eux les signataires et les gérants du *Réformateur* et de la *Tribune*,
» Michel et Trélat ont écrit au président de la chambre des Pairs qu'eux
» seuls étaient Auteurs de la lettre, et qu'eux seuls l'avaient publiée », sans
être en possession des signatures des autres défenseurs. — Ceux-ci se
» sont réunis, et on est définitivement convenu que Michel et Trélat seraient
» seuls responsables de leur lettre, parce que les autres défenseurs, en
» en prenant la solidarité, n'empêcheraient les premiers d'être condamnés
» à l'amende et à la prison, et y seraient eux-mêmes condamnés. Or, cette
» condamnation serait très préjudiciable, d'abord, aux particuliers qui
» seraient inévitablement ruinés par l'amende qui est solidaire, et que
» beaucoup ne pourraient pas solder, lors même qu'elle n'aurait pas ce
» caractère de solidarité ; et ensuite, au parti, dont les chefs se verraient
» jetés en prison pour plusieurs années. Le dévouement qui est inutile est
» un acte de folie ; ici, ce serait plus, ce serait une faute. Si Michel et
» Trélat sont condamnés à l'amende, elle sera bientôt payée par sous-
» cription, fût-elle du maximum, qui est 10.000 francs. Il ne restera donc
» pour eux de véritable pénalité que la prison ; or, en se portant solidaire
» de leur lettre, on ne les aurait pas exemptés de cette condamnation. —
» En résumé, le ministère se va trouver pris dans ses propres filets. —
» Mon oncle Féli, aussitôt qu'il le pourra, c'est-à-dire très prochainement,
» va donc partir pour la Bretagne, et il se rendra tout droit à la Chênaie,
» où il va écrire quelque chose sur le procès... »

» être perdus ni pour la France ni pour l'Europe. Ils ne
» le seront pas ! Pour ma part, j'en prends l'engagement,
» Messieurs les Pairs ! ». — Parmi ceux qui eurent occasion,
dans ces circonstances, de faire connaissance avec l'auteur
des *Paroles d'un Croyant*, inscrivons André Imberdis, avocat,
qui publia son *Cri de l'âme* (en vers, ô dieux !), au profit des
détenus politiques (ô charité artificieuse !). Il obtint de La
Mennais une lettre-préface. Elle est datée du 15 août 1835.
Admirablement écrite, elle est une pièce de notre polémiste
contre la monarchie de juillet. Imberdis l'a fait précéder d'une
longue *note*, où il raconte ses premières rencontres avec
« l'apôtre de l'humanité ».

Rentré dans son manoir, La Mennais se mit à composer
l'historique du procès, mais cette rédaction n'a été publiée
qu'après sa mort (*Du procès d'avril et de la république*, dans
les *Mélanges philosophiques et politiques*, édités par Emile
Forgues, 1856 ; p. 307 et sq. Consulter lettres de Coriolis à
La Mennais, 11 août et 12 sept. 1835).

9. — Au *Semeur*, journal protestant [1].

Sainte-Pélagie [2], 26 février 1841.

A M. le rédacteur du journal *Le Semeur*.

C'est vous, Monsieur, qui m'apprenez, dans votre feuille
du 24 février, que vous avez bien voulu m'adresser, l'origine

---

(1) La collection du *Semeur*, *journal religieux, politique, philosophique
et littéraire*, se trouve à la Bibliothèque Nationale (Inventaire, D² 354). La
lettre que nous en extrayons peut si bien être considérée comme inédite,
malgré son importance visible, qu'on la chercherait en vain dans la
magnifique bibliographie épistolaire de La Mennais par M. Anatole
Feugère, comme dans le travail érudit de M. Christian Maréchal sur
l'*Essai d'un système de philosophie catholique*.

Le 10 février 1841, le *Semeur* avait publié un article intitulé : *Comment
M. de Lamennais avait d'abord résolu la question du péché originel*. Ce
journal protestant attachait une portée capitale au dogme de la déchéance
de nos premiers parents, et, en décembre 1840, rendant compte de l'*Esquisse
d'une philosophie*, il avait regretté que l'auteur, dans son explication de
l'existence du mal, eût nié la notion du péché originel. Or, dans son
numéro du 16 janvier 1841, l'*Ami de la Religion* (ennemi constant de
La Mennais) publia une longue et curieuse lettre de l'abbé Rohrbacher,

des allégations que j'ai démenties dans le *National*. Je vois
que vous les aviez puisées dans une lettre de M. Rohrbacher
à l'*Ami de la Religion*, lettre que je n'ai point lue et que je
ne lirai pas, car je ne sache rien de si propre à inspirer le
dégoût que ces prétendues révélations, toujours plus ou moins
inexactes et fausses, lesquelles ne sont en réalité que des
abus de confiance indignes de quiconque se respecte, et il
est triste, après avoir cru, pendant des années, pouvoir et

et l'on y apprit que l'*Esquisse* avait été d'abord un *Essai de philosophie
catholique*, dont l'auteur, averti et corrigé par son disciple, s'était arrêté
à des idées orthodoxes sur la chute du premier homme, et, conséquemment,
sur la nature et la grâce. Comme d'autres feuilles périodiques, le journal
protestant fit connaître à ses lecteurs ces passages primitifs du philosophe
sur la transmission du péché et la rédemption. Mais le *National* protesta,
au nom de La Mennais, contre l'authenticité des textes donnés par
le *Semeur*, et celui-ci, le 24 février 1841, fit un article intitulé : *Réclamation
de M. de Lamennais* ; dans cet article, il renvoyait à la lettre de l'abbé
Rohrbacher. C'est alors que La Mennais adressa au *Semeur* (qui l'imprima
dans son numéro du 3 mars 1841) le document que nous reproduisons. —
Nous devons ajouter que l'abbé Rohrbacher ne tint aucun compte de la
protestation de son ancien maître, car il inséra de nouveau sa lettre à
l'*Ami de la religion* dans son *Histoire universelle de l'église catholique*,
tome 20 (Paris, Gaume, 1845), p. 515-525 ; et il répéta les mêmes choses au
tome 28 (Paris, Gaume, 1848), p. 311 et sq. Or, un document, du 8 juillet 1832,
prouve à plein que le récit de Rohrbacher est suspect. A cette date, nous
le voyons écrire à Rome (et La Mennais n'y était plus à l'arrivée de la lettre,
c'est vrai), mais il n'invite pas l'auteur de l'*Essai* à épurer sa propre
théologie, il le prie simplement de soumettre à des théologiens romains
ses pensées (à lui, Rohrbacher), relatives à la nature et à la grâce
(Cf. Roussel, *Lamennais*, 1892 ; t. 2, p. 28). Quoi qu'il en soit, le même
ménaisien ayant continué d'être reçu de la manière la plus cordiale par
son ancien ami, en 1838 et en 1839 (*eod. loc.*, p. 337, 340), on a le droit de
s'étonner du besoin qu'il éprouve de se mettre en scène, au début de 1841,
pour l'admonester publiquement, et dire « qu'il perd jusqu'à la mémoire »,
qu'il s'attribue les découvertes des autres, que son esprit est dans un
« état de ruines », et qu'il est « courbé sous le poids du crime ! ».

(2) La Mennais était en prison pour sa brochure intitulée : *Le pays et
le gouvernement*. Dans son numéro du 17 octobre 1840, l'*Ami de la religion*
disait : « Par une coïncidence remarquable, au moment où le pamphlet de
M. Lamennais vient, dans un style quelquefois ignoble, provoquer les
classes inférieures de la société à une révolte contre les classes supérieures,
une sixième tentative compromet la vie du chef de l'Etat ». L'*Ami* (voir
son numéro du 11 février 1841, p. 279) apprit avec douleur que des élèves
de l'Ecole normale avaient, à l'occasion de la nouvelle année, envoyé des
cartes à M. de La Mennais. « Quand on songe que l'Ecole normale est la
pépinière des professeurs de l'Université !... ».

devoir estimer un homme, d'être enfin obligé de le mépriser profondément.

Que M. Rohrbacher « m'ait fait connaître la doctrine sur la grâce et le péché originel », en vérité, je ne m'en doutais guère, et, quelle que soit mon ignorance, je ne pensais pas, je l'avoue, qu'elle s'étendît jusqu'aux plus simples éléments de la théologie et jusqu'au catéchisme.

Au reste, il veut bien instruire le public qu'il rencontra en moi un écolier docile, et je l'en remercie.

Mais quand il dit : « Vers la fin de 1832, il nous vint à Malestroit [1] d'autres jeunes gens auxquels il avait dicté ses propres cahiers de philosophie. J'y trouvai la même confusion sur la nature et la grâce. Comme c'était un point capital dans l'ouvrage, j'écrivis à M. F. de Lamennais, qui était alors à Rome... Ma lettre ne lui revint qu'à Paris. Aussitôt il fit retirer, autant qu'il le put, tous les exemplaires manuscrits de sa philosophie » ; quand, dis-je, il avance ces faits, que je n'ai d'ailleurs aucun intérêt à contester, je dois à la vérité de les déclarer entièrement faux. Je n'ai jamais *dicté* aucuns cahiers de philosophie, ni retiré, ni cherché à retirer aucun de ces cahiers qu'on affirme avoir été dictés par moi [2].

[1] Malestroit (arrondissement de Ploërmel). C'est en ce lieu qu'on avait organisé un grand séminaire ménaisien, dont l'abbé Blanc (auteur d'un manuel d'Histoire ecclésiastique) était supérieur, et dont l'abbé Rohrbacher était professeur de théologie. La Chênaie (commune de Plesder, arrondissement de Saint-Malo) était le petit séminaire ménaisien, ou, plutôt, la maison illustre où passaient tous les disciples, maison de hautes études, maison de réception pour les amis et les admirateurs.

[2] La Mennais n'a pas dicté son cours, il l'a prononcé devant ses disciples, qui ont résumé ses conférences ; et le cahier de l'abbé Houet (mort supérieur de l'oratoire de Rennes), celui de La Provostaye (plus tard inspecteur général de l'Université), enfin celui d'un anonyme ont permis à M. Maréchal de tenter une édition de l'*Essai d'un système de philosophie catholique*. Qu'est devenu (je l'ai vainement cherché) le cahier de Rio ? Il comprenait une analyse des conférences philosophiques faites à Munich, en août 1832, par La Mennais lui-même. Celui-ci abandonna à Rio un exemplaire incomplet de son travail, mais dont les lacunes se trouvaient précisément réparées par le résumé du fidèle auditeur (voir *Epilogue à l'art chrétien*, p. 171). Enfin, j'ai dans mes archives un manuscrit capital, que je dois à la générosité de Mme Samin, née Ange Blaize, petite-nièce de La Mennais. Il est de format in-folio, écrit sur deux colonnes, recto et verso. L'écriture est d'une main que je ne connais pas, mais avec des corrections et des

Mais à quoi bon se donner tant de peine, à quoi bon recourir à tant d'inventions, manquer à la délicatesse, à l'honneur, pour établir qu'il s'est opéré un changement et un grand changement dans mes croyances et dans mes idées ? Ne l'ai-je pas dit moi-même dans les *Affaires de Rome* ? et n'ai-je pas expliqué comment j'avais été conduit à ce changement très réel ? Je le répéterai une dernière fois.

Jusqu'à l'époque où Rome exigea de moi un acte qui, à tort ou à raison, blessait ma conscience, je m'étais appliqué avec le soin le plus attentif et la sincérité la plus parfaite, à me renfermer dans les bornes de la plus stricte orthodoxie, ne me permettant, en dehors des doctrines enseignées, aucun examen dont ces doctrines mêmes ne fussent le dernier critérium. Mais quand je me vis contraint de renoncer ou à ce critérium, ou à ce que ma conscience me représentait comme un devoir sacré, je dus, pour sortir de l'anxiété où me jetait cette opposition douloureuse, sonder les bases de l'autorité qui avait été ma règle jusque-là. Je le fis avec une bonne foi dont on ne m'ôtera pas le sentiment qui fait ma paix, je le fis par écrit, et mon unique réponse aux attaques passionnées dont je n'ai cessé d'être l'objet depuis quatre ans, sera de publier les réflexions écrites pour moi seul originairement, qui, avec celles qu'on peut lire déjà dans l'*Esquisse d'une philosophie*, ont déterminé mes convictions présentes [1]. Que si des personnes d'une bonne foi égale à la mienne ne partagent pas ces convictions, quoi de plus simple ? Ai-je annoncé la folle prétention de les imposer à qui que ce soit ? Mais personne non plus n'a le droit de m'imposer les siennes, et je ne conçois pas qu'en des questions d'une importance si grande, on descende jusqu'aux hommes qui ne sont rien, au lieu de s'occuper exclusivement de la vérité qui est tout.

interlignes de La Mennais, qui a joint en seconde colonne bon nombre d'additions au texte. Les ratures sont innombrables. En outre, La Mennais a inséré dans le manuscrit primitif des feuilles de divers formats, qu'il a remplies de sa main, et dont quelques-unes sont un commencement de rédaction définitive.

(1) Les réflexions écrites pour lui seul, originairement, forment le volume intitulé : *Discussions critiques et pensées diverses sur la religion et la philosophie* (Paris, Pagnerre, 1841).

Vous avez eu raison de penser, Monsieur, que je ne vous confonds pas avec ceux dont je regrette de n'avoir pu louer du moins la loyauté. Nous différons, certes, d'opinion, et beaucoup, et sur des points très capitaux ; car je n'admets point d'ordre surnaturel, et l'existence d'un ordre surnaturel est, si je ne me trompe, le fond même de vos croyances religieuses et philosophiques. Mais j'aime à reconnaître qu'en me combattant, vous avez gardé toutes les convenances dont les honnêtes gens, par respect pour eux-mêmes, ne s'affranchissent jamais, et que cette discussion a été aussi loyale que sérieuse. Me permettrez-vous seulement d'ajouter, qu'en relisant mon ouvrage attentivement, vous y trouverez, ce me semble, la réponse à vos objections.

Recevez, Monsieur, l'assurance de ma parfaite estime et de ma considération la plus distinguée.

F. Lamennais.

10. — A l'abbé Jean [1].

Paris, 19 janvier 1848.

Mon cher oncle,

Les nouvelles que le bon abbé Ruault [2] nous marque de votre santé nous ont tout-à-fait confirmés dans la certitude que nous avions déjà de votre complet rétablissement. Après les inquiétudes et le chagrin que nous a donnés votre maladie, nous sommes bien heureux de penser qu'avec des ménage-

---

(1) Cette lettre envoyée à l'abbé Jean-Marie de La Mennais, frère de l'auteur des *Paroles d'un Croyant*, est de la main de M. Ange Blaize, jusqu'aux mots : *état de votre chère santé*. La fin, que nous avons guillemetée, a été écrite par Félicité de La Mennais, ainsi que l'adresse. La pièce originale nous a été communiquée par Mme Samin, que nous prions d'agréer ici l'expression de notre reconnaissance.

(2) L'abbé Pierre Ruault, né à Bonnemain, en 1791, devint principal du collège de Dol, en 1815, et donna à cet établissement la plus grande prospérité qu'il ait atteinte. En 1830, les ecclésiastiques du collège refusèrent le serment. L'évêque de Rennes mit l'abbé Ruault à la tête du petit séminaire de Vitré. Mais cette maison ne tarda pas à être fermée (lire l'*Avenir* des 2 et 8 juin 1831). Dès lors, l'abbé Ruault s'attacha à l'œuvre ménaisienne et devint particulièrement l'ami et le collaborateur de Jean-Marie de La Mennais.

ments, de la prudence et du repos, vous n'aurez pas à redouter des accidents semblables à celui qui a failli vous coûter la vie [1].

Notre bonheur est complet, car, tout en nous affligeant cruellement, Dieu nous a donné la consolation de voir se dissiper le nuage qui s'étoit élevé entre vous et mon cher oncle Féli : vous jugerez par l'émotion si vive que vous avez éprouvée vous-même, de la joie de la famille qui n'a qu'un cœur pour vous deux. Laissant le passé dans l'oubli [2], ou plutôt ne voyant dans le passé que la noble et sainte amitié de deux frères poursuivant, au prix de tant de sacrifices, le triomphe de la Justice et de la Vérité, je viens, mon cher oncle, vous entretenir d'un projet que votre cœur devine sans doute, car il seroit la réalisation des désirs que vous m'avez exprimés bien des fois comme une de vos plus douces espérances.

Il s'agit du retour possible de mon oncle Féli en Bretagne ; je dis possible, car il dépend de certaines circonstances indépendantes de sa volonté. Sous le coup de pertes récentes et très considérables, résultat de sa confiance en des personnes qui ne la méritoient pas, la vie de mon oncle Féli devient à Paris de plus en plus difficile. Par suite de ces pertes qui le contraignent à restreindre ses dépenses (ainsi, il vient de renoncer à une voiture dont les médecins lui conseilloient fortement l'usage), sa santé affoiblie, depuis plusieurs années, a reçu, depuis quelques mois, une grave atteinte, et il est bien à craindre qu'une affection rebelle jusqu'ici à tous les remèdes ne devienne une infirmité durable. Ce qui lui est nécessaire, indispensable, c'est une vie calme et douce, un

(1) Le 16 décembre 1847, l'abbé Jean fut pris d'une violente attaque de paralysie, compliquée d'épanchement cérébral. Quand il fut un peu remis, bien qu'il eût perdu tout contact amical avec son frère, il fit écrire à celui-ci de la manière la plus touchante. Féli répondit affectueusement. le 26 décembre. L'abbé Jean réussit à tracer un court billet, le 5 janvier 1848, et pria l'abbé Ruault de l'accompagner d'une lettre. C'est à cette missive que répond notre document inédit du 19 janvier.

(2) Dans sa lettre du 26 décembre 1847, La Mennais disait à l'abbé Jean : *Sans rappeler le passé, qu'il faut désormais laisser entièrement dans l'oubli,* je suis heureux de t'embrasser...

exercice journalier, un régime qu'il ne peut même essayer de
suivre ici, où des visites incessantes, des tracas continuels le
fatiguent et l'obsèdent. Or, à son âge, s'en aller seul, malade,
loin des siens, finir ses jours dans un coin de terre qui ne
vous est rien, c'est un avenir dont l'idée a quelque chose de
navrant. Quand, sous l'influence de la maladie ou des années,
nous sentons la vie s'écouler plus rapidement, nos souvenirs
se reportent aux premiers objets aimés, nos regards se
tournent du côté des lieux où nous avons goûté de si douces
joies, où nous espérons les retrouver. *Dulces moriens remi-
niscitur Argos* [1].

J'ai le ferme espoir de vous voir, avant longtemps, vous et
mon oncle Féli réunis, comme par le passé, dans la demeure
des ancêtres, sous le toit qui abrita votre jeunesse. C'est le
vœu le plus cher à mon cœur et à celui de mes bons parents.

En causant de cet heureux projet, mon cher oncle Féli, qui
se préoccupe toujours plus des siens que de lui-même, m'a
chargé de vous consulter sur un point qui lui paroît essentiel.
Un de ses plus vifs regrets, c'est de voir que, d'une part,
mes frères ne trouvent pas à Trémigon [2] une occupation
suffisante, et que, d'autre part, ne sortant jamais de la maison,
l'absence de relations est préjudiciable à leur établissement.
Dans le cas où, d'un commun accord, il retourneroit en Bretagne, mon oncle désireroit que mes frères fussent chargés,
sous votre direction et la sienne, de la gestion de la Chênaie.

(1) Enéide, X, 782. — Il tombe, dit la traduction de l'abbé Delille :
    « Regarde encor le ciel, et loin de sa patrie,
    « Songe à sa chère Argos, soupire, et rend la vie. »

(2) Trémigon. en Combour. Dès le XIe siècle il est fait mention des sires
de Trémigon, et un comte de ce nom figure agréablement dans les
Mémoires d'outre tombe. Cette belle propriété fut acquise par Félicité de
La Mennais au commencement de 1821 (voir la lettre qu'il écrivit le
4 mars de la dite année, à Marion). Mais il ne tarda pas à céder cette
terre à Mme Blaize de Maisonneuve, sa sœur. La chapelle du manoir fut
reconstruite en 1827, et bénite par l'abbé Jean. L'illustre écrivain fit
quelques séjours à Trémigon, en juin 1837, en février 1842, en juin 1846.
Depuis qu'elle est sortie de la famille Blaize, la propriété de Trémigon a
passé déjà dans des mains diverses.

L'âge de M. Marion [1] et sa santé lui rendent personnellement impossible, onéreuse même, une gestion qui, d'ailleurs, au point de vue matériel, est plus qu'insigniflante pour lui. Aussi a-t-il été obligé de l'abandonner, en quelque sorte, à M. Louvel, qui n'a peut-être pas tout le temps nécessaire à y consacrer, sans que nous voulions le moins du monde mettre en question le désintéressement, le zèle et la bonne volonté de M. Marion et de son gendre. Mon oncle désireroit d'autant plus voir se réaliser l'arrangement dont je vous parle, que la présence fréquente de mes frères seroit pour lui une compagnie et une distraction.

En faisant valoir les raisons que je viens d'indiquer, et, de plus, ce motif que mon père est mi-propriétaire de la moitié de la Chênaie [2], je suis persuadé que M. Marion ne verroit ici rien que de très naturel, et que son esprit si judicieux né pourroit qu'approuver une mesure, dictée par des raisons de famille, qu'il comprend mieux que personne.

Telles sont, mon cher oncle, les observations que je suis chargé de vous transmettre; elles auront, je pense, votre approbation.

M. le docteur Rochoux, qui s'est beaucoup occupé de l'affection que vous avez éprouvée, et dont une longue pratique dans les hôpitaux rend les conseils précieux, m'a dit hier qu'il n'y avoit rien à modifler au régime qu'il avoit indiqué de concert avec Malespine. Dans quelques jours, je vous enverrai l'avis de M. Bretonneau. Mais il faut bien vous persuader qu'avec dame Nature, qui n'est pas toujours d'accord avec nos docteurs, c'est vous surtout qui devez être votre médecin. C'est en évitant tout ce qui peut vous nuire, des fatigues qui ne sont plus de votre âge, un travail

---

(1) La correspondance de notre auteur avec son ami Marion a été publiée par Du Bois de la Villerabel, en 1886, sous le titre de : *Confidences de La Mennais.*

(2) Ange Blaize de Maisonneuve, né en 1778, épousa en 1804 Marie Robert de La Mennais, sœur de l'écrivain. Il mourut en 1852. Le philosophe, qui s'abusait si prodigieusement en affaires, ne semble pas s'être rendu compte de tout ce qu'il devait à l'expérience et au désintéressement de son beau-frère.

opiniâtre, des voyages longs et fréquents, que vous arriverez à une complète guérison, et que vous éloignerez indéfiniment des rechutes toujours dangereuses et souvent funestes.

M. de Vitrolles est indisposé depuis quelque temps, il souffre de l'estomac: Je suis allé le voir de votre part, prendre de ses nouvelles et lui donner des vôtres. Il a été très touché de ce qui le concerne dans le petit billet que vous avez écrit à mon oncle Féli. J'ai aussi fait savoir à M. Maupied et à M. Blanc [1] l'heureux état de votre chère santé.

« Ange m'envoie la lettre ci-dessus que je l'avois prié de » t'écrire au sujet de l'administration de la Chênaie. J'y tiens » beaucoup à cause de nos neveux dont l'oisiveté m'afflige. » La gestion de cette terre n'est rien pour Marion, qui » d'ailleurs ne peut s'en occuper lui-même. Personne ne » sentira mieux que lui l'importance du motif dont je suis, » quant à moi, frappé depuis longtemps.

» Je te remercie de ton petit billet, et M. Ruault des détails » qu'il me donne dans sa lettre. D'après l'avis de tous les » médecins, ta guérison n'est pas douteuse, mais à une » condition, le repos. Toute fatigue, et particulièrement celle » de tête, est à éviter avec le plus grand soin. Le bien que » tu peux faire encore dépend de là : ce n'est donc pas » une simple précaution, c'est un devoir. Je t'embrasse de » cœur [2]. — F. »

Adresse :] Monsieur, — Monsieur J. M. de la Mennais, Ploërmel (Morbihan).

Timbre de la poste :] Paris, 19 janv. 48. — Le timbre de Ploërmel est illisible.

(1) Nous avons dit un mot de l'abbé Blanc, qui était originaire du diocèse de Besançon. Quant à l'abbé Maupied, docteur ès sciences, et ami de l'abbé Jean, il est mort camérier du Pape et curé d'une paroisse de Lamballe.

(2) Il nous reste à dire que le projet de retour à la Chênaie n'aboutit pas, et que la correspondance entre les deux frères ne tarda pas à prendre fin (dernières lettres de Féli à Jean : commencement de février et 28 juin 1848, puis 1ᵉʳ mars 1849). Cependant, prié par sa nièce, Mᵐᵉ de Kertanguy, La Mennais accorda, quelques jours avant sa mort, un souvenir d'affection à son frère. Mais il l'avait déshérité. — Consulter l'abbé Laveille, *Jean-Marie de la Mennais*, II, p. 179 et sq., 215 et sq., 479 et sq., 491-2, 577-8, 585-6.

.11. — A Le Cudennec [1].

Paris, ce 14 décembre.

A M. J. M. Le Cudennec, rue Cadet, n° 14, Paris.

Incipit : « Malgré le désir que Lachevardière auroit d'ache-
» ter la librairie classique, je prévois, mon cher ami, que
» nous ne traiterons pas ensemble... »

Desinit : « J'écris à Berryer pour le presser. — Adieu, je
» t'embrasse. — F. M. »

(L'autographe fait partie de mes archives. — Cette lettre
date probablement de 1827.)

12. — A Pagnerre [2].

La Mennais prie son « cher monsieur Pagnerre » de voir
les appareils de chauffage Lecocq, dont on dit beaucoup de
bien, et de lui en donner son avis. Il demande une édition
complète des lettres de Mme de Sévigné : « C'est un de ces
» livres qu'on relit toujours avec plaisir ».

(L'autographe m'a été communiqué. — Ce billet nous
semble être de 1841.)

13. — A. M. Blaize.

11 mai. — A M. Ange Blaize, rue de Vaugirard, 108.

« Je suis fort content de ton article ; ainsi tu peux faire le
» second. Aie soin de n'écrire que d'un côté de la feuille. Tu

(1) On a publié des lettres de La Mennais à Le Cudennec, qui datent
de 1822, 1823, 1824, 1827. Et il est question du même correspondant dans
une lettre du 1er mai 1833.

(2) Antoine-Laurent Pagnerre, né en 1805, membre de l'Assemblée
nationale sous la seconde république, devint l'éditeur de La Mennais, à
partir de 1838. On accusa ce libraire d'avoir acquis un million aux dépens
des écrivains patriotes. Pendant que l'exploitant dort, disait un biographe
des représentants du peuple, « le génie exploité souffre, à l'insu de tous,
ne sachant pas, le matin, comment il dînera le soir, ni, la veille, par quel
habit il remplacera, le lendemain, son habit trempé de pluie et couvert
de boue ». Ce passage violent et curieux fait allusion à La Mennais. Au
reste, en 1849, celui-ci mande à ses amis que Pagnerre le vole d'une manière
infâme (lettres à *Gérard*, 25 sept., à *Vitrolles*, 26 sept.). Et, le 31 mai 1852,
il parle encore à Adrien Benoît de la « race malfaisante de tous ces
Pagnerres qui pullulent au fond des égoûts de la société présente ».

» me rapporteras Stenko [1], et je t'en donnerai un autre
» exemplaire, sur lequel l'auteur a écrit mon nom. — Tout
» à toi. — F. »

Ange Blaize, né à Saint-Malo, le 28 décembre 1811, fit des
études de droit et de médecine, et fut secrétaire de Félicité
de La Mennais, son oncle. Poursuivi le 10 juin 1841 pour son
ardeur dans la défense de la réforme électorale, il prononça
un discours, seize jours plus tard, sur la tombe de Garnier-
Pagès, au nom des comités réformistes de Paris. En 1848,
recommandé par le gouvernement provisoire, il sollicita un
mandat de député, à Saint-Malo, mais il échoua. Aux journées
de juin, il combattit avec la garde nationale contre les
insurgés. Son oncle ne lui pardonna pas cette conduite, et
M. Blaize chercha vainement dans la suite à le ramener à des
sentiments plus équitables vis-à-vis de lui. Sous l'Empire,
Ange Blaize demeura fidèle à l'idéal républicain, et le gouvernement du 4 septembre le nomma préfet de Rennes. Il
mourut dans ce poste le 14 février 1871. Entre autres objets,
il a légué au musée de cette ville le buste de La Mennais par
David d'Angers.

M. Blaize était spiritualiste. Au cours de sa vie, il a fait
preuve de bravoure et de dévouement. Il avait une intelligence très cultivée. C'était un libéral. Des écrivains catholiques ont voulu lui faire un reproche de l'impénitence finale
de La Mennais. Cette incrimination est à la fois une naïveté
et une injustice ; une naïveté, parce que l'attitude du prêtre
breton sur son lit de mort ne fut que la conclusion, pleinement libre, des idées qu'il professait depuis bientôt vingt

---

(1) Sur *Stenko* (Etienne) *Razine*, cf. Lavisse et Rambaud, *Histoire
générale*, VI, 1895, p. 662 et sq. Pour la *bibliographie*, p. 717. Ennemi du
despotisme, Stenko combattit à la tête de hardis compagnons. Il voulait
l'égalité et la liberté. Il disait : « Je ne veux pas être tsar, je veux vivre
avec vous comme un frère ». Pris, il fut découpé vivant, à Moscou, membre
par membre, articulation par articulation (juin 1670). Bref, Stenko était
un héros, un saint, un martyr de chapelle ménaisienne. — Mais j'ignore
quel est l'auteur auquel notre document fait allusion, et dont le *Stenko* fut
publié sans doute entre 1830 et 1848, mais plutôt vers 1834-1837. Le billet
doit être attribué vraisemblablement à l'année 1837.

années ; une injustice, parce que le neveu, loin de pouvoir influer sur les dispositions du malade, voyait ses efforts pour se rapprocher du lit de son oncle rejetés par celui-ci. M. Blaize était d'ailleurs déterminé à aller lui-même chercher un prêtre, si le moribond en manifestait le moindre désir. De ces affirmations j'ai sous les yeux des preuves nombreuses et irréfutables.

Béranger disait à La Mennais : Votre neveu est un homme rare, et « plus on le connaît, plus on l'estime et l'aime » (lettre du 17 juin 1843).

M. Blaize a publié un travail considérable sur les *Monts de piété* (Paris, 1856 ; 2 vol. in-8° ; la 1ᵣₑ édit. est de 1843). Il a écrit un *Essai biographique sur M. F. de la Mennais* (Paris, 1858, in-8°). Sa brochure intitulée *Béranger et F. La Mennais contre M. Forgues* est intéressante (Paris, 1859). Il a édité deux volumes d'*Œuvres inédites de F. Lamennais*, comprenant surtout la *correspondance* (Paris, 1866). — A sa mort, le *Phare de la Loire* (Nantes) inséra une fort belle lettre de M. A. Audiganne, qui l'avait connu et apprécié particulièrement. Cette lettre fut reproduite dans la *Gironde*, de Bordeaux, 28 février 1871. Voir aussi le *Journal de Rennes*, n° du 14 février 1871. Consulter Larousse, *Dict.*, II, 1867, p. 787 ; Vapereau, *Dictionnaire des contemporains*, 4ᵉ édit., 1870, p. 205 ; Kerviler, *Bio-bibliogr. bret.*, III, p. 349-352. Et *Catalogue des imprimés de la Bibliothèque Nationale*, XIII, 1903, col. 879-881. — Dans la correspondance de La Mennais, voir principalement les lettres d'août 1836, de septembre 1840, de janvier et juillet 1841, et une lettre du 24 février 1849, adressée à Gérard.

Outre des frères, M. Blaize avait trois sœurs : Louise, morte le 26 juillet 1826 ; Marie-Ange, qui épousa M. Félix de Kertanguy, et mourut sans enfants ; Augustine-Marie, qui fut mariée à M. Elie de Kertanguy, le 10 juin 1836, et qui devint la légataire universelle de Félicité de La Mennais.

14. — Lettre de LACORDAIRE [1].

Paris, 11 janvier 1831.

Monsieur, — Nous avons reçu votre excellente lettre. Les sentimens que vous y exprimez et votre honorable franchise nous font attendre avec un plus vif désir encore l'heure de vous voir. — La première vertu aujourd'hui n'est pas la Foi, c'est l'amour sincère de la liberté ; quiconque l'a au fond du cœur, on peut dire de lui : *Non es longe a regno Dei* [2]. Le monde sera à Dieu dès qu'il sera à la liberté, et cela seul, pour ceux qui le croient, démontre la vérité de notre religion [3]. — J'ai des amis dont l'esprit distingué est où se trouve le vôtre ; cette ressemblance n'a rien qui n'attire mon estime et mon respect.

Notre cause est appelée le 29.

Nous désirerions vous voir le 19 ou 20 au plus tard.

Adieu, Monsieur ; agréez mes salutations cordiales.

H. LACORDAIRE.

(*Adresse :* Monsieur Eugène Janvier, Angers.)

Ms. autographe à la Bibl. Nat., *Fr. Nouv. Acq.*, 22.738.

II. — Le gouvernement de Louis-Philippe et l'*Avenir*.

Le premier numéro de l'*Avenir* parut le samedi, 16 octobre 1830. Ce journal avait pour fondateur et « rédacteur en chef » M. Harel du Tancrel. Catholiques, disait La Mennais, « apprenons à réclamer, à défendre nos droits, qui sont les droits de tous les Français », et, dès le second numéro, l'*Avenir* commençait sa campagne pour la *liberté d'enseignement*. Le gouvernement de Louis-Philippe n'éprouva aucune sympathie pour une feuille si peu bourgeoise, si peu juste-milieu, et offrant un mélange si étrange de théocratie

---

(1) Voir la note 1 de la page 11.

(2) Marc, XII, 34.

(3) Renan s'est élevé avec raison contre cette apologétique de charlatan, qui est si loin du catholicisme de l'Ecriture, des conciles et des théologiens.

papale et de libéralisme franc et hardi. Quelques documents
que nous avons découverts au hasard d'autres recherches,
montreront l'inquiétude des administrations ; et la lettre d'un
sous-préfet bel-esprit amusera le lecteur, sans nuire à la
considération d'aucune famille.

§ 1. — *Le mouvement ménaisien dans le pays de Fougères.*

Fougères, le 4 janvier 1831.

Le procureur du roi à Fougères, à monsieur le procureur
général près la cour royale de Rennes.

« Monsieur, — J'ai l'honneur de vous remettre ci-joint un
» petit imprimé tendant à une souscription en faveur de
» MM. Lamennais et Lacordaire [1]. Il paraît qu'il a été dis-
» tribué ici avec profusion. Il ne contient ni les noms,
» demeure, profession de l'auteur, ni ceux de l'imprimeur.
» Cette omission n'est-elle pas une contravention à l'art. 283
» du code pénal, aux art. 15 et 17 de la loi du 21 octobre
» 1814 ? Je ne connais rien qui dispense de ces formalités.
» Mais, comme une semblable affaire ne s'est point encore
» présentée, à ma connaissance, dans ce pays, et que nous
» n'avons que rarement l'occasion d'appliquer les lois sur la
» librairie, je vous prie, Monsieur, de me dire votre avis à
» ce sujet, et de me tracer le moule à suivre, dans le cas où
» vous penseriez qu'il y aurait lieu à poursuite. »

La brochure adjointe à cette lettre est intitulée *Aux catho-*
liques de toutes les opinions, amis de la liberté civile et
religieuse [2]. Elle se termine par cette recommandation :
« Ceux qui désirent souscrire sont priés d'adresser leurs

(1) Il s'agit d'une souscription pour couvrir les frais du procès dont
nous avons parlé à la note 1 de la page 11.
(2) Dans l'*Avenir*, du 28 décembre 1830, on peut lire : « La circulaire
» suivante a été publiée à Fougères, département d'Ille-et-Vilaine : Aux
» CATHOLIQUES DE TOUTES LES OPINIONS... ».

» offrandes à MM. Josse, à la maison des *Frères* ; ou à
» Mr Boismartel (de Rillé) [1] ».

(*Archives du Palais de Justice*, à Rennes. Série U. *Parquet
général. Affaires politiques et de presse*. 1831.)

§ 2. — *Le mouvement ménaisien dans le pays de Redon.*

A. — Le Président du conseil, ministre de l'intérieur [Casimir
Périer], à M. Leroy, préfet d'Ille-et-Vilaine.

Paris, le 21 mai 1831.

« Monsieur le préfet, — Un sieur Deniel, né dans votre
» département, et collaborateur de l'*Avenir* à Paris, ainsi que
» du *Journal des deux Flandres* à Gand, a été momentané-
» ment retenu à Lille par un des accès de démence qui lui
» sont familiers. La visite de son portefeuille a révélé ses
» relations intimes avec les personnes qui veulent donner
» pour base aux révolutions nouvelles l'alliance du catholi-
» cisme ultramontain avec l'opinion libérale exaltée. Il avait,
» malgré la connaissance acquise de sa situation, reçu à Gand
» une mission pour Paris, où il s'est rendu. L'indication
» suivante pourra fixer votre attention. — Suivent (dans son
» portefeuille) 1° quatre lettres de M. Deniel père ; 2° quatre
» lettres d'une dame royaliste, très dévouée à M. de la
» Mennais, à sa doctrine, et qui exprime vivement sa douleur
» de ce que tous les royalistes ne veulent pas se réunir à
» son Ecole, ni adopter son système. Elle signe Julie Onfroy,
» et ses lettres sont datées de Redon (Ille-et-Vilaine). Elle
» parle d'un nommé Arthur et de Mesdames Ohara et Blair.

» Agréez, Monsieur le Préfet, l'assurance de ma considé-
» ration distinguée. »

---

(1) Cette finale est omise dans la reproduction de l'*Avenir*. — La maison
des Frères est celle des congréganistes de l'abbé Jean-Marie de La Mennais,
qui avaient été appelés à Fougères en 1824. — Rillé est en Fougères.

B. — Le sous-préfet de l'arrondissement de Redon, à M. le
préfet d'Ille-et-Vilaine.

Redon, le 30 mai 1831.

« Monsieur le préfet, — Melle Julie Onffroy est une vieille
» fille de 45 à 50 ans, qui, après avoir perdu l'espoir de se
» marier, s'est faite dévote, selon l'usage. Comprenant tant
» bien que mal l'ouvrage de M. de la Mennais (*de l'indiffé-*
» *rence en matière de religion*), elle s'était engouée de
» l'auteur. Quand il devint journaliste, elle fut une de ses
» premières abonnées. Comme elle était très grande royaliste,
» elle s'abusa d'abord sur les principes de son journal qui,
» d'ailleurs, a dévié de sa primitive direction. La répétition
» des mêmes idées sans cesse reproduites a opéré, comme
» elle fait toujours, surtout chez les âmes ardentes ; elle a
» amené une conviction, une véritable foi chez Melle Onffroy,
» et maintenant elle est libérale et catholique ultramontaine.
» Il ne faut que ce trait pour en donner la preuve :
» « Comment, Julie, lui disait une de ses tantes, tu lis
» l'*Avenir*, tu n'es donc plus royaliste ? — Ma tante, avant
» tout, je suis catholique ».
» Melle Julie ne peut fixer l'attention du Gouvernement. Elle
» ne fera pas de partisans à ses principes. Sa position, son
» existence l'isolent de toute influence. Au milieu de sa
» famille, qui est carliste, mais très tranquille, et ne donne
» prise à aucune suspicion, elle est presqu'isolée, ou quand
» le silence se rompt, ce sont des disputes interminables.
» Madame de Blair est la sœur de Melle Julie ; elle ne partage
» pas les idées de sa sœur ; c'est une femme de moyens fort
» ordinaires.
» Madame O'Hara dont le mari est américain, et depuis
» longtemps dans son pays, est fille de Madame de Blair et
» nièce de Melle Julie. Elle n'adopte pas non plus la manière
» de voir de sa tante, mais elle prend souvent sa défense
» quand la famille la vexe trop.
» Quant à cet Arthur, je ne connais personne qui porte ce

» nom et dont elle puisse parler, à moins qu'elle ne désigne
» par ce prénom un certain Deniel qui, m'a-t-on dit, est main-
» tenant secrétaire de M. de la Mennais. Je crois me rappeler
» qu'il portait ce prénom.

» Voici l'histoire de ce Deniel : il est de Bain ou de Plé-
» châtel, communes de mon arrondissement. Le père de
» Melle Julie l'avait pris en amitié et lui enseigna le latin. Il
» avait beaucoup d'esprit, mais, quoique très jeune, une tête
» exaltée. Il était parent de M. Corbières [1], et, sous son
» ministère, il se rendit à Paris pour solliciter une place.
» L'arrivée du cousin déplut probablement à Son Excellence,
» et la place qu'on lui donna ne fut probablement pas celle
» qu'il demandait : on le mit à Charenton. A tort ou raison,
» on l'aménagea dans cette maison des folies humaines.
» Je n'examine pas le fait. Vous en jugerez vous-même,
» monsieur le préfet, quand vous saurez qu'il est maintenant
» le secrétaire intime de M. de la Mennais. Je ne sais qui me
» le dit à Bain, il y a quelque temps [2].

» Les idées de M. de la Mennais n'ont pas fait fortune à
» Redon ; on ne compte que 7 à 8 de ses partisans, dont 5 à
» 6 vieilles femmes sans consistance [3].

(1) Le comte Corbière, grand maître de l'Université en 1820, et ministre de l'intérieur de 1821 à 1828, dans le Cabinet présidé par M. de Villèle, était né à Corpsnuds (arrondissement de Rennes), et il fut inhumé à Amanlis (même arrondissement). Il était de famille bourgeoise. Consulter Kerviler, *Bio-bibliogr. bret.*, X, p. 216-221 ; et Paris-Jallobert (Anc. reg. par.), *Corpsnuds*, p. 6.

(2) Deniel avait fait partie de l'Ecole de la Chênaie. Il était assez étrange, sujet à des troubles cérébraux qu'il sentait venir, et dont il avait conscience, dit-on. Dans l'*Avenir*, il écrivit notamment les articles sur *la liberté en littérature* (25 déc. 1830, 2 et 31 janv. 1831), articles où il s'évertua à faire l'application des idées ménaisiennes à la critique et à l'histoire littéraires. — Sur le nom de *Deniel*, en Bretagne, cf. Kerviler, *Bio-bibliogr.*, XII, p. 18-19 ; Paris-Jallobert (Anc. regist. par.), *Bain*, p. 19. Il est possible qu'Arthur Deniel ait cru avoir quelque parentage avec les Corbière ! — Une lettre de La Mennais à Gerbet, du 16 novembre 1827 (*in* Blaize, II, p. 59) peint l'état mental du malheureux Deniel et les sentiments de l'écrivain pour lui.

(3) Parmi les Redonnais qui prennent part aux souscriptions proposées par le journal de La Mennais, je vois : HERI, membre du Conseil municipal; F. JAUSIONS ; JOLIVE, prêtre ; JULIE ONFROY (cf. l'*Avenir*, 27 janvier et 29 juin 1831). — Les dons venaient principalement du diocèse de Saint-Brieuc (où l'abbé Jean avait une grande influence).

» Je suis avec respect, monsieur le préfet, votre très humble
» et très obéissant serviteur. — ROBILLARD. »

(Pièces que j'ai trouvées aux *Archives départementales de
Rennes*, dans une liasse, sans cote spéciale, de la série V.)

III. — Un article inédit du *Peuple Constituant*.

S'il est un goût qui a suivi La Mennais durant toute sa vie,
c'est bien celui d'être maître d'un journal [1], et s'il est un
principe auquel il a été constamment fidèle, c'est bien celui
de la liberté de la presse [2]. Exprimer sa pensée, et le faire
en toute indépendance, voilà son idéal le plus fixe. Il était
né avec un encrier dans le cœur, — comme tous ceux qui
ont la vocation d'écrire.

Sans parler de ses essais d'adolescent, envoyés au *Miroir*,
et ailleurs, il fut le collaborateur du *Conservateur*, du *Défenseur*, du *Drapeau blanc* ; il devint l'âme du *Mémorial catholique*, puis de l'*Avenir* ; il dirigea le *Monde*, puis le *Peuple
Constituant* [3]. Mais, tandis qu'il a réuni en volumes la

[1] *Si tu approuvais ce projet de journal...* (à l'abbé Jean, 30 avril 1814 ;
voir ses lettres au même, du 6 juillet 1814 et du 19 octobre 1815).

[2] *L'homme qui hésite sur le rétablissement de la dîme !* (à l'abbé Jean,
15 oct. 1814), ne balance pas sur la question de la liberté de la presse
(à Ange Blaize, 19 déc. 1817), et, quand il est à Londres, le point qui
le préoccupe est celui-ci : en France, *a-t-on toute liberté d'écrire ?* (à l'abbé
Jean, 1er août 1815).

[3] Dans sa *Notice bibliographique des ouvrages de M. de la Mennais*
(Paris, 1849), Quérard (né à Rennes) dit que notre journaliste « est allé
mourir ignominieusement dans le plus plat libelle de ces temps, dans la
Réforme, dans un nouveau journal intitulé la *Révolution démocratique
et sociale*, et dans divers almanachs démocratiques et socialistes » (p. 61).
Si précieuse que soit la notice de Quérard, elle n'est ni absolument complète
(pour le temps où elle a paru), ni partout minutieusement correcte. Et son
allure de pamphlet anti-ménaisien est déplaisante. La Mennais a donné
neuf articles à la *Réforme*, du 1er octobre au 24 décembre 1849. Mais il n'a
pas collaboré (sauf erreur de ma part) à la *Révolution démocratique et
sociale*, bien que cette feuille représentât son parti. Il est désigné comme
un des rédacteurs de l'*Almanach républicain démocratique pour 1850* (voir
le *Journal de la librairie*, 3 nov. 1849). On oublie toujours de lui attribuer
une brochure de 67 pages, intitulée *Comité démocratique français-espagnol-
italien* (Paris, Garnier, 1851). Il y aurait aussi à enregistrer dans sa biblio-

plupart de ses autres morceaux, il a négligé de le faire pour ses articles du *Peuple Constituant*. Ce journal, dont l'influence fut très loin d'être négligeable, comprend 134 numéros (27 février-11 juillet 1848), avec le dernier, qui est encadré de noir, et qui demeure célèbre dans l'histoire de la presse. Peut-être La Mennais eut-il l'intention de former un nouveau recueil, car il a pris la peine, dans la collection des feuilles qui lui appartint (et qui a passé dans ma bibliothèque), de faire quelques (rares) corrections manuscrites. Il y a même conservé avec soin, et en son lieu, un article qui devait paraître le 7 juin 1848, et qui ne fut pas inséré, je ne sais pourquoi. Il nous a semblé intéressant de publier ce premier-Paris inédit, d'après les épreuves, revues par La Mennais. A soixante et onze ans de distance, cette pièce reste vivante, pour ceux qui connaissent un peu l'histoire de la seconde république. Rappelons seulement que les lois de septembre, auxquelles l'auteur fait allusion, datent de 1835. Elles atteignirent la liberté de la presse, en créant de nouveaux délits et en aggravant les peines encourues ; elles permirent de ruiner par des amendes les journaux de l'opposition. Qu'on remarque, enfin, la confiance de La Mennais dans le peuple, confiance mystique, qui remplaça celle qu'il mettait jadis en l'Eglise, et qui s'accorde si parfaitement avec le romantisme religieux et républicain de 1848. Le peuple est l'agent de l'œuvre divine, du progrès voulu par l'Etre bon et parfait. « Toi aussi, Peuple, — lui dit l'apôtre breton, — aie confiance en toi, en ta mission providentielle ; crois en toi, si tu crois en Dieu ! » [1]. Ce langage, si étrange aux oreilles de nos contemporains, trouvait alors des échos.

graphie un certain nombre de pièces, dont il fut un des signataires. On ne devrait pas omettre non plus un appel aux armes pour la Pologne, qu'il a rédigé, et qui a pour titre : *A la démocratie européenne la démocratie française*. Cet écrit enflammé, qui parut au début de janvier 1847, au nom des deux comités de la *Réforme* et du *National*, doit s'ajouter à tant de pages éloquentes, dans l'*Avenir* et dans le *Peuple Constituant*, en faveur d'un peuple héroïque, dont La Mennais espéra, avec une foi ardente et invincible, la résurrection.

(1) *Peuple Constituant*, 13 juin 1848.

Paris, 6 juin.

Pendant que ministres, secrétaires d'Etat, procureurs de la République s'en vont chacun de son côté, après avoir échangé entre eux et avec la commission exécutive des démentis publics, qui n'attestent que trop d'affligeantes divisions dans le gouvernement, les affaires du pays flottent sans direction, ou peut-être soumises à une direction plus ou moins occulte, offrent aux hommes attentifs de graves sujets d'appréhension.

Qu'il existe des projets hostiles à la République, des conspirations très actives contre elle, chacun le sait, chacun le voit, car elles se montrent et s'organisent ouvertement. On en a maintes fois averti le pouvoir ; mais le pouvoir, en cette occasion, paraît tenir bien plus à faire preuve de courtoisie que de prudence. Comme les gardes françaises à Fontenoy, il semble dire aux ennemis : Messieurs, tirez les premiers.

Encore si, dans l'attente du combat, on le voyait lui-même préparer ses forces ! Mais loin de là, il désorganise, par une suite de mesures qu'on pourrait croire systématiques, celles que la révolution lui avait confiées. La vraie force de la République c'est le peuple, le peuple s'occupant en commun des grands intérêts de la patrie, qui sont les siens, le peuple chaque jour instruit, éveillé par une parole libre, par tous les moyens qui facilitent une rapide communication des pensées et des sentiments. Eteignez en lui cette vie élevée, cette vie de l'âme, que restera-t-il ? Une masse inerte, cette espèce de fonds que l'on n'ose presque appeler humain, sur lequel s'élevèrent tous les trônes et qu'exploitèrent toutes les aristocraties.

Or, que fait-on ? Sous des prétextes renouvelés de 1830 et de la restauration, on tend, par toutes les voies, à isoler les uns des autres les hommes dont l'union faisait la force ; on dissout peu à peu les réunions où se formait l'opinion, où s'entretenait l'esprit national, où s'animait le patriotisme. Nous n'en sommes pas encore, il est vrai, aux lois de septembre ; mais les réunions, les rassemblements, les crieurs,

les affiches, vont être réglementés. La presse aura son tour ;
nous allons là. On trouve même déjà que le drapeau tricolore,
le signe de la révolution et le symbole de toutes ses gloires,
est trop, beaucoup trop prodigué. C'est un désordre, il faut
y remédier, et l'on y remédie. On remédiera à bien d'autres
choses. La police reprend le sceptre de la grande cité. On
la reconnaît à ses tracasseries irritantes, à son menu despotisme, dont les mille facettes sont comme le reflet d'un
despotisme plus concentré. En un mot, le peuple gêne, il
inquiète. On l'éloigne de l'assemblée même, issue de son
suffrage. Gardée maintenant par la ligne seule, elle n'a plus
avec lui aucun contact. Est-ce ainsi que l'on imagine fonder
la République, l'affermir sur la base où ce peuple, maintenant
si suspect, l'avait placée, où il la replacera, s'il le faut ?

Parlons net : y a-t-il aujourd'hui un pouvoir d'où parte la
direction des choses à l'intérieur, et où est-il ? Pendant deux
mois et demi, il a été à l'Hôtel de ville; y serait-il encore, non
plus entre les mains de plusieurs, mais entre les mains d'un
seul ? La police a passé, sinon de droit, au moins de fait, sous
l'autorité du magistrat municipal dont le conseil, malgré les
réclamations de la presse, n'a pas été réorganisé. Espérons
qu'il le sera bientôt. C'est beaucoup de pouvoir. Il ne s'agit
point ici d'un homme, mais des institutions qui doivent les
dominer tous. Un maire de ville, à la bonne. heure ; mais
point de maire du palais. Ne plaçons point les hommes sur
la pente où jusqu'ici il n'est point d'exemple qu'un seul n'ait
pas trébuché.

LAMENNAIS.

Dans son *Histoire de la Révolution de 1848*, Daniel Stern
disait de La Mennais journaliste : « S'il pensait souvent comme
Danton, il parlait toujours comme Bossuet [1] ». L'article que
nous venons de produire confirme-t-il ce jugement ?

(1) T. II, p. 173.

TABLE

I. — Lettres inédites de La Mennais et de Lacordaire.

A Vitrolles, 12 juill. 1819.. 3
A Grandi, 25 août 1821... 5
A Roger, 10 avril 1822.. 8
A Taillandier, 18 nov. 1825... 9
A Berryer, 1er nov. 1827.. 10
A Janvier, 18 février 1831... 10
Au Président de la chambre des Pairs, 23 avril 1835......... 13
Au Public, 28 avril 1835.. 14
Au *Semeur*, 26 février 1841.. 18
A l'abbé Jean, 19 janv. 1848... 26

     Billets non datés :

A Le Cudennec, 14 déc. (1827 ?)....................................... 27
A Pagnerre (1841 ?).. 27
A Blaize, 11 mai (1837 ?)... 27

Lettre de Lacordaire à Janvier... 30

Ange Blaize. — Journal inédit du séjour de La Mennais
    à Paris, en 1835.. 14
Ange Blaize. — Lettre inédite à l'abbé J.-M. de La
    Mennais, en 1835.. 17n
Ange Blaize. — Lettre inédite à l'abbé J.-M. de La
    Mennais, en 1848.. 22
Notice sur Ange Blaize.. 28, 29
Notice sur Pagnerre 27n
Affaire du diner avec George Sand.................................. 16
Le *Procès d'Avril*.. 13-18
Essai d'un système de philosophie catholique....... 12n, 18n, 20n

II. — Le gouvernement de Louis-Philippe et l'*Avenir*.

Le mouvement ménaisien dans le pays de Fougères......... 31
Le mouvement ménaisien dans le pays de Redon............. 32
Casimir Périer au préfet de Rennes................................. 32
Le sous-préfet de Redon au préfet.................................. 33

III. — Un article inédit du *Peuple Constituant*.

Article daté du 6 juin (pour le numéro du 7 juin 1848)...... 37
Quérard et la bibliographie de La Mennais....................... 35n

DU MÊME AUTEUR

(*En collaboration*), LAMENNAIS. SA VIE, SES IDÉES. PAGES CHOISIES.
Lyon, Vitte, 1899. — *Epuisé.*

LA MENNAIS À JUILLY (in *Rev. de Bret.*, déc. 1903).

LA MENNAIS STYLISTE ET LE MANUSCRIT DES PAROLES D'UN CROYANT
(in *Rev. de Bret.*, févr. 1904).

LA MORT DE LA MENNAIS (in *Rev. de Bret.*, mars 1904).

LA MENNAIS ÉCRIVAIN (Extr. de l'*Hermine*, 1904).

LETTRES INÉDITES DE LA MENNAIS (in *Rev. de Bret.*, mars 1905; in
l'*Hermine*, mai 1907; in *Annal. de Bret.*, janv. 1913).

NOTES DE LA MENNAIS SUR UN EXEMPLAIRE DE ROUSSEAU (in
l'*Hermine*, janv. 1907).

BIBLIOGRAPHIE MÉNAISIENNE (in *Annal. de Bret.*, nov. 1908; juill.
1910; janv. 1914).

LA MENNAIS : L'HOMME ET L'ÉCRIVAIN. PAGES CHOISIES. Lyon, Vitte,
1912 (volume in-octavo de 349 pages, avec fac-similé et illus-
trations).

NOUVEAUX DOCUMENTS SUR LA MENNAIS (in *Annal. de Bret.*, avril
1914).

LES PREMIERS VERS DE LA MENNAIS (in *Revue bleue*, 16 mai 1914).

DOCUMENTS MÉNAISIENS (Extr. des *Annal. de Bret.*, nov, 1919),

Imp. Oberthür, Rennes—Paris (5658-19).